Soy Frida Kahlo

BRAD MELTZER
ilustraciones de Christopher Eliopoulos

traducción de Isabel C. Mendoza

VISTA™

Soy Frida Kahlo.

Nací en México, en esta casa. Después la pintamos de azul y la comenzamos a llamar "la Casa Azul".

Sobresalía entre todo lo que había a su alrededor.

¿No te parece que eso es hermoso?

A los seis años de edad me dio una enfermedad llamada polio. Hizo que la pierna derecha me quedara más delgada y corta que la izquierda.

Me tuve que quedar en mi cuarto durante nueve meses. Cuando por fin pude salir, los niños se burlaban de mí.

Intenté esconder la pierna debajo de faldas largas o poniéndome varios calcetines. No funcionó.

Afortunadamente, siempre tuve un lugar especial donde podía escapar. En mi cuarto, empañaba una ventana con mi aliento y dibujaba una puerta.

Por esa puerta entraba a mi imaginación.

Allí, iba a una tienda de lácteos llamada Pinzón. Entraba por la O.

Había un pasadizo que me llevaba al fondo de la tierra...

donde siempre me esperaba mi amiga imaginaria.
No recuerdo cómo era ella, ni siquiera de qué color era.
Pero, juntas, reíamos y bailábamos.
Yo le contaba todos mis problemas, y ella me escuchaba.

Yo era feliz en aquel lugar.
Y, cuando pasaba la mano por la puerta, esta se desaparecía.

Es impresionante lo que puedes lograr con la imaginación.

Mi papá me animaba a practicar deportes para fortalecer
la pierna: fútbol, lucha libre, boxeo, natación. ¡Hice de todo!

Una de las mejores cosas que mi papá me transmitió fue su curiosidad para mirar el mundo. Era fotógrafo, y me llevaba cuando iba a tomar fotos.

A VER, PLANTAS, ¡SONRÍAN!

También le gustaba pintar. Mientras él trabajaba en sus acuarelas, yo recolectaba piedritas, plantas y hasta insectos.

Me los llevaba a casa, investigaba sobre ellos en los libros de mi papá y los observaba con un microscopio.

Mira a tu alrededor. Hay belleza por todas partes.

A los catorce años de edad, ingresé a la Escuela Nacional Preparatoria, la mejor escuela secundaria de México.

De dos mil estudiantes, solo había, conmigo, treinta y cinco niñas.

MI META ERA LLEGAR A SER MÉDICA.

En la escuela, se esperaba que nos vistiéramos y nos comportáramos de cierta manera. Yo me vestía... de manera diferente.

Las madres adineradas me miraban y decían...

¡QUÉ NIÑA FEA!

¡MUY FEA!

NO SE PARECE A NADIE.

A MÍ ME GUSTA.

A otros estudiantes, yo les parecía fascinante.

Mis amigos más cercanos eran un grupo de chicos llamado los Cachuchas, que es el nombre de un tipo de pimientos picantes.

Éramos inteligentes y nos encantaba leer. Pero, a veces, nos metíamos en problemas. ¡Como cuando montamos un burro de verdad por el pasillo!

Un día, contrataron a un famoso pintor llamado Diego Rivera para que hiciera un mural en el auditorio de la escuela. Lo observé durante tres horas.

Yo aún no lo sabía, pero mis días más difíciles estaban por llegar.

A los dieciocho años de edad, tuve un espantoso accidente: un tranvía chocó con el autobús donde yo iba.

¡AY, DIOS MÍO!

¡QUÉ HORRIBLE!

Alguien llevaba pintura en el autobús, así que mi cuerpo quedó cubierto de un polvo dorado.

ESTÁ MALHERIDA.

Un mes después del accidente, regresé a casa con todo el cuerpo enyesado.

Mi columna vertebral se había roto en tres partes.

Los médicos tuvieron que volverme a armar, literalmente.

Tenía un dolor terrible en una pierna y un pie, y apenas podía mover los brazos.

Pero había sobrevivido.

No recibí muchas visitas.

Eso me hizo caer en cuenta de que yo solo quería tener como amigos a personas que me aceptaban como era.

Sabía que mi vida había cambiado.
Ya no iba a ser médica.
En cambio, como tenía que
quedarme acostada, quieta...

COMENCÉ A PINTAR.

Como no me podía sentar, mi mamá le encargó a un carpintero un caballete especial para mí.

Pedí los pinceles de mi papá.

Y comencé.

Trabajé duro. Estudié libros sobre la historia del arte minuciosamente.

Mis primeras pinturas no eran buenas.
De hecho, rompí una porque no estaba contenta con el resultado.
Pero continué pintando todo lo que veía, usando un espejo.

Me pinté a mí misma porque pasaba mucho tiempo
sola, y porque soy el tema que mejor conozco.

Tan pronto pude salir, le llevé mis pinturas a Diego Rivera, el famoso pintor que había conocido hacía unos años.

Con el tiempo, mis retratos se hicieron más complejos. Comencé a añadirles cosas del arte y la historia de México, como textiles y grabados muy elaborados, para mostrar quién soy.

Más adelante, Diego y yo nos casamos. Viajamos a Estados Unidos, a lugares como San Francisco, Nueva York y Detroit, donde conocimos a algunas de las personas más adineradas del mundo.

¡OH, ME ENCANTA LA MEZCLA DE LO VIEJO CON LO NUEVO!

NELSON ROCKEFELLER

Como pasó en la escuela, algunas personas se burlaban de mi ropa.

MIREN SU ATUENDO. ¿NO PARECE SALIDA DE UN CIRCO?

Y ESAS SANDALIAS TAN FEAS.

SE LLAMAN HUARACHES.

¡ME ENCANTAN!

El tiempo que pasé en el extranjero me hizo darme cuenta de que mi lugar favorito...

y, desde luego, la pintura.

En aquella época, se esperaba que las mujeres fueran calladas y femeninas. Yo no era ninguna de las dos cosas.

Además de pintar, también fui profesora de arte.

DIBUJEN LO QUE TENGAN EN SU CASA: ¡CERÁMICAS, TARROS, MUEBLES, JUGUETES!

¡PINTEN CUALQUIER COSA!

¿PODEMOS PINTARLA A USTED?

Eso fue precisamente lo que hicieron el primer día. Me pintaron.

El dolor por las lesiones del accidente nunca se me pasó por completo. Algunos días era tan fuerte que me costaba estar de pie. Sin embargo, llevaba a mis estudiantes de paseo.

¿NO LES PARECE HERMOSO?

¡PÍNTENLO!

Mi salud empeoró, así que mis estudiantes más comprometidos, "los Fridos", comenzaron a venir a mi casa para recibir sus clases.

PINTABAN TODO LO QUE VEÍAN, Y YO TAMBIÉN.

YO SOLO QUERÍA PINTAR, PINTAR Y PINTAR.

Con el tiempo, los mandé afuera, a pintar murales en lavanderías y mesones del vecindario.

FRIDA NOS ENSEÑÓ QUE EL ARTE NO DEBE ESTAR SOLAMENTE EN PALACIOS NI SER SOLO PARA LA GENTE ADINERADA.

¡EL ARTE ES PARA TODOS!

En honor a mi trabajo, la dueña de una galería comenzó a organizar mi primera exposición individual en México.

FOTÓGRAFA
LOLA ÁLVAREZ
BRAVO

Yo estaba tan enferma que a ella le preocupaba que yo no llegara a verla. Entonces, llevaron mi cama a la galería y me incluyeron en la exposición.

Fue todo un caos.
Y absolutamente hermoso.

Una tragedia por poco me quita la vida.

Pero no logró robarme la vitalidad.

Defenderme no fue fácil, especialmente cuando la gente se burlaba de mi apariencia o mi lugar de origen.

Pero yo decidí ver las cosas de manera diferente.

Mi cara, mi ropa, mi país e incluso mi dolor...
son los colores que puse en mis lienzos.
No se parecen a los colores de nadie
más, y no deberían.
Eso es lo mejor de todo.
Tu retrato es solo tuyo.

El arte es como la vida.
Casi nunca es lo que parece a primera vista.
Tu vida y tu arte, en lugar de seguir una
línea recta, darán giros y vueltas que te
llevarán a hacer viajes inesperados.

Son desordenados, atrevidos, miedosos y divertidos.
Pero todo es parte de tu imagen: un autorretrato espléndido.

MÍRATE EN
UN ESPEJO.
¿QUÉ VES?

YO VEO UNA
OBRA DE
ARTE.

Soy Frida Kahlo, y sé
que lo más hermoso
eres *tú*, tal como eres.

"La pintura completó mi vida".
—Frida Kahlo

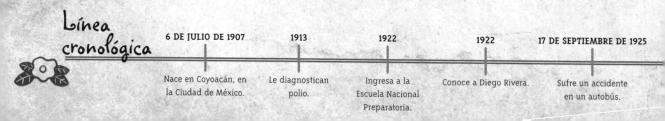

Línea cronológica

6 DE JULIO DE 1907
Nace en Coyoacán, en la Ciudad de México.

1913
Le diagnostican polio.

1922
Ingresa a la Escuela Nacional Preparatoria.

1922
Conoce a Diego Rivera.

17 DE SEPTIEMBRE DE 1925
Sufre un accidente en un autobús.

Frida, a los 11 años de edad

Frida con Diego Rivera

Frida (tercera, de
izquierda a derecha) con
sus hermanas y primos

1929	1943	1953	13 DE JULIO DE 1954	1958
Se casa con Diego Rivera.	Comienza a dar clases en la escuela La Esmeralda.	Se realiza su exposición individual en México.	Muere en Coyoacán.	Se inaugura el Museo Frida Kahlo.

Para Pansy y Rob Price,
quienes, afortunadamente,
con su alma de artistas,
nunca hacen nada como los demás.
–B.M.

Para Javier Villegas, Hilda,
Humberto y el resto de los
amigos de La cava del tequila, por
hacerme sentir siempre en casa.
–C.E.

En aras de la precisión histórica, usamos las palabras reales de Frida Kahlo siempre que fue posible.
Para más citas textuales de Frida, recomendamos y reconocemos los títulos citados abajo.

···

FUENTES

Frida: A Biography of Frida Kahlo, Hayden Herrera (Harper, 2002)
Frida by Frida, Raquel Tibol (Editorial RM, Mexico, 2003)
You are Always With Me. Letters to Mama 1923–1932, Frida Kahlo. Editado y traducido por Héctor Jaimes (Virago Press, UK, 2018)
Frida Kahlo: Making Her Self Up, editado por Claire Wilcox & Circe Henestrosa
Frida Kahlo at Home, Suzanne Barbezat
FridaKahlo.org
MuseoFridaKahlo.org

MÁS LECTURAS PARA NIÑOS

Brocha y pincel, Alma Flor Ada y F. Isabel Campoy (VHL, 1999)
Caminos, Alma Flor Ada y F. Isabel Campoy (VHL, 1999)
Diego Rivera: su mundo y el nuestro, Duncan Tonatiuh (VHL, 2022)

···

© 2023, Vista Higher Learning, Inc.
500 Boylston Street, Suite 620
Boston, MA 02116-3736
www.vistahigherlearning.com
www.loqueleo.com/us

© Del texto: 2021, Forty-four Steps, Inc.
© De las ilustraciones: 2021, Christopher Eliopoulos

Publicado originalmente en Estados Unidos bajo el título *I Am Frida Kahlo* por Dial Books for Young Readers,
un sello de Penguin Random House LLC, Nueva York. Esta traducción ha sido publicada bajo acuerdo con Forty-four Steps, Inc. y Christopher
Eliopoulos c/o Writers House LLC.

Dirección Creativa: José A. Blanco
Vicedirector Ejecutivo y Gerente General, K–12: Vincent Grosso
Desarrollo Editorial: Salwa Lacayo, Lisset López, Isabel C. Mendoza
Diseño: Ilana Aguirre, Radoslav Mateev, Gabriel Noreña, Verónica Suescún, Andrés Vanegas, Manuela Zapata
Coordinación del proyecto: Karys Acosta, Tiffany Kayes
Derechos: Jorgensen Fernandez, Annie Pickert Fuller, Kristine Janssens
Producción: Esteban Correa, Oscar Díez, Sebastián Díez, Andrés Escobar, Adriana Jaramillo, Daniel Lopera, Juliana Molina, Daniela Peláez, Jimena Pérez
Traducción: Isabel C. Mendoza

Soy Frida Kahlo
ISBN: 978-1-54338-604-2

Printed in the United States of America

1 2 3 4 5 6 7 8 9 KP 28 27 26 25 24 23